AF315406

25 Novembre 1886.

VENTE PAR SUITE DE DÉPART

HOTEL DROUOT, SALLE N° 9

Les Jeudi 25 et Vendredi 26 Novembre 1886

BEAU MOBILIER

ANCIEN & MODERNE

OBJETS D'ART

BRONZES — BIJOUX — OBJETS DE VITRINE

Tableaux Modernes

Mᵉ ESCRIBE	**M. A. BLOCHE**
COMMISSAIRE-PRISEUR	EXPERT
6, rue de Hanovre, 6.	23, rue Chauchat. 23

EXPOSITION PUBLIQUE

LE MERCREDI 24 NOVEMBRE 1886

DE 2 HEURES A 6 HEURES

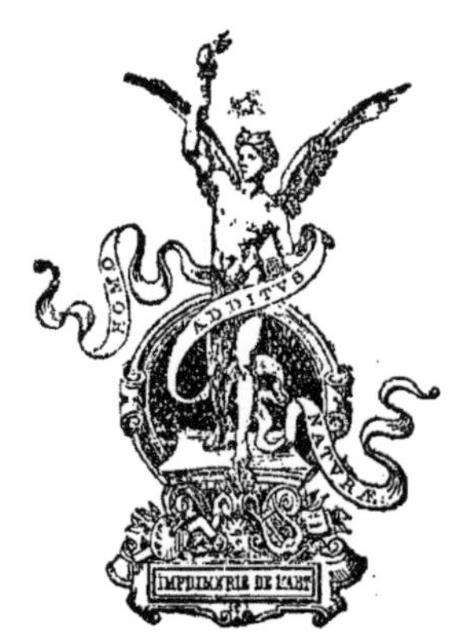
HOMO ADDITVS NATVRÆ
IMPRIMERIE DE L'ART

CATALOGUE

D'UN

BEAU MOBILIER

ANCIEN ET DE STYLE

Salons Louis XV et Louis XVI en velours de Gênes
et bois sculpté
Chambres à coucher en bois finement sculpté et rehaussé d'or
Riches Tentures — Tapis

Meubles de fantaisie — Vitrines — Glaces — Piano

OBJETS D'ART — BIJOUX

Bronzes d'ameublement du temps de Louis XVI
Porcelaines de Saxe, de Chine et du Japon — Faïences
Objets de vitrine — Émaux cloisonnés

TABLEAUX MODERNES

De Troyon, Beauverie, Gegerfelt, Maincent, Richter, Hyon,
Appian, Le Pic, Svoboda, Van Elven

TABLEAUX ANCIENS

DONT LA VENTE AURA LIEU

Par suite de départ

HOTEL DROUOT, SALLE N° 9

Les Jeudi 25 et Vendredi 26 Novembre 1886

A 2 HEURES 1/4

Mᵉ ESCRIBE	**M. A. BLOCHE**
COMMISSAIRE-PRISEUR	EXPERT
6, rue de Hanovre, 6.	23, rue Chauchat, 23

EXPOSITION PUBLIQUE : Le Mercredi 24 Novembre 1886
DE 2 HEURES A 6 HEURES

CONDITIONS DE LA VENTE

Elle sera faite au comptant.

Les adjudicataires payeront *cinq pour cent* en sus des enchères.

L'exposition mettant le public à même de se rendre compte de l'état des objets, il ne sera admis aucune réclamation une fois l'adjudication prononcée.

Paris. — Imprimerie de l'Art. E. MÉNARD et J. AUGRY
41, rue de la Victoire.

DÉSIGNATION DES OBJETS

TABLEAUX

TROYON (C.)

1 — *Paysage.*

Signé C. TROYON.

BEAUVERIE

2 — *Paysage.*

Signé C. BEAUVERIE, 1874.

GEGERFELT (W. DE)

3 — *Vue de Venise.*

Signé W. DE GEGERFELT, 82.

DUPRAY

4 — *Cuirassiers défilant au galop.*

JEAURAT

5 — *Le Petit Joueur de tambourin.*

RAOUX

6 — *Les Divertissements de l'enfance ; intérieur de palais.*

RICHTER

7 — *L'Almée.*

Très joli tableau. Signé RICHTER.

HYON

8 — *Le Maréchal de Mac-Mahon passant une revue de cuirassiers.*

Signé HYON.

APPIAN

9 — *Paysage rocailleux au bord de la mer.*

Signé.

LE PIC

10 — *Vue de Bayeux.*

Signé.

DUVIEUX

11 — *Souvenir d'Orient.*

MAINCENT

12 — *La Bûcheronne ; paysage.*

Joli tableau. Signé.

MAINCENT

13 — *La Glaneuse ; paysage.*

Charmant tableau. Signé.

HUBERT-ROBERT (Attribué à)

14 — *Saint Jean-Baptiste dans un paysage, au milieu de ruines.*

VAN ELVEN

15 — *Village en Suisse.*

PLAISAN

16 — *Campement arabe.*

ÉCOLE FLAMANDE

17 — *Paysage montagneux arrosé par une rivière et animé de nombreuses figures.*

SVOBODA

18 — *Une Rue de ville en Orient.*

SVOBODA

19 — *Paysage.*

OBJETS D'ART ET D'AMEUBLEMENT

20 — Grande et belle armoire flamande en bois noir et palissandre, ornée sur la façade de grosses colonnes, de têtes de lions aux angles de la corniche, et d'un cartouche à tête de lion sur le fronton.

21 — Table rectangulaire en marqueterie de bois avec pieds ralliés par un croisillon.

22 — Écran en bois sculpté à jour et doré par parties, dessin à fleurs et arabesques; orné d'une plaque ronde en porcelaine de Chine, décor à personnages et paysages.

23 — Deux vases en porcelaine de Chine, décor à médaillons sur fond d'or; monture en bronze doré.

24 — Deux gaines en bois noir et de chêne, forme à quatre faces.

25 — Joli piano en noyer sculpté et rehaussé d'or, de *Decombes*.

26 — Belle vitrine en noyer sculpté, ciré et doré par parties, dessin Louis XV, rocailles et enroulements ; posant sur une console à quatre pieds, formés d'enroulements fleuronnés pris en plein bois et rehaussés d'or.

27 — Très jolie table de style Louis XV, en bois de noyer sculpté, ciré et doré par partie, dessus en marbre veiné blanc.

28 — Glace biseautée avec cadre à enroulements et rocailles en noyer sculpté, ciré et doré. Style Louis XV.

29 — Bel ameublement de salon en noyer finement sculpté, dessin à rocailles fleuronnées et fleurs, rehaussé d'or par parties, couvert en velours fond bège à parterre de fleurs et feuillages en multicolore, style Louis XV, se composant d'un petit canapé, deux fauteuils et deux chaises.

30 — Joli tabouret de piano. Même style.

31 — Deux vases brûle-parfums en porcelaine de Saxe, décorés de figures d'amours et de fleurs en relief.

32 — Grand groupe de Saxe : Vénus et l'Amour, portés dans une conque par les sirènes.

33 — Joli groupe de Saxe représentant différentes scènes autour des ruines d'un palais.

34 — Groupe de Saxe formant veilleuse, représentant les trois Grâces.

35 — Belle lampe formant vase en bronze ciselé, argenté et doré, offrant sur la panse des médaillons à bustes de femmes et comme anses des sirènes tenant des guirlandes de fruits. Socle en marbre griotte.

36 — Deux jardinières forme demi-lune en faïence, décor grisaille, vues maritimes et petits personnages rehaussés d'or.

37 — Deux brûle-parfums forme Louis XVI, en porcelaine moderne de Saxe, décor fleurs et guirlandes.

38 — Pendule forme lyre en bronze doré. Époque Louis XVI.

39 — Paire de chenets forme lyre, en bronze doré. Époque Louis XVI.

40 — Deux flambeaux formés de vases en albâtre
montés en bronze doré, avec tiges à branches
de fleurs. Époque Louis XVI.

41 — Jolie petite garniture de cheminée en bronze
doré, époque Louis XVI. Pendule à sujet
allégorique à l'Astronomie, figure d'amour,
candélabres à figures d'enfants portant des
bouquets à deux lumières.

42 — Très bel ameublement de chambre à coucher en chêne clair sculpté et rehaussé d'or
par parties, style Louis XVI, composé d'un
lit de milieu décoré au dossier de figures
d'amours dans des rinceaux feuillagés et des
trophées; sur le devant, des guirlandes de
fleurs enrubannées, des couples de colombes
et deux grands carquois formant les montants;
deux tables de nuit décorées dans le même
goût.

43 — Psyché en chêne clair sculpté et rehaussé
d'or par parties, couronnée par un trophée
de carquois; glace biseautée. Style Louis XVI.

44 — Guéridon en chêne clair sculpté et doré
par parties; dessus de marbre blanc. Style
Louis XVI.

45 — Belle armoire à deux portes garnies de glaces biseautées, en chêne finement sculpté et rehaussé d'or, époque Louis XVI, gainée à l'intérieur de satin bleu pâle.

46 — Cheminée en bois recouvert en satin blanc d'argent broché rose, garnie de draperies en peluche bleue, avec colonnes torses enguirlandées et surmontées de chapiteaux en chêne sculpté et rehaussé d'or, anciennes.

47 — Ciel-de-lit en chêne sculpté et rehaussé d'or à panaches, style Louis XVI, avec rideaux en satin blanc d'argent broché rose, intérieur et fond de ciel en satin rose ; draperies en satin et peluche bleu pâle.

48 — Couvre-lit en satin broché analogue.

49 — Deux décorations de croisées en même étoffe avec draperies et accessoires assortis, galeries en chêne sculpté et doré par parties. Style Louis XVI.

50 — Deux portières en même étoffe avec galeries de même goût.

5 1 — Deux fauteuils et une chaise en chêne clair finement sculpté et doré par parties, de style Louis XVI, couverts en satin broché.

5 2 — Bel ameublement de salon, style Louis XVI, en bois noir, orné de bronzes dorés, couvert en damas de soie rouge. Il se compose d'un canapé, quatre fauteuils et quatre chaises.

53 — Deux petits canapés dits *coins de feu*, en satin vert broché à fleurs.

54 — Quatre chaises légères en bois doré, couvertes de satin broché à fleurs de diverses nuances.

55 — Jolie console en bois sculpté et doré, dessus en marbre blanc. Style Louis XVI.

56 — Tabouret forme X, en bois doré ; dessus en broderie.

5 7 — Table de milieu en bois noir incrusté de cuivre et orné de bronzes.

58 — Meuble de petit salon, composé d'un canapé et quatre fauteuils confortables, couverts en damas de soie rouge capitonné.

59 — Deux chaises légères en bois noir, orné de bronzes dorés, couvertes en damas de soie rouge.

60 — Jolie vitrine en bois doré. Style Louis XVI.

61 — Pouf en satin.

62 — Tabouret de piano.

63 — Table de nuit en bois noir à volets.

64 — Table en acajou.

65 — Portemanteau en bois sculpté formant coffre à bois.

66 — Lanterne d'antichambre, système à gaz.

67 — Guéridon en acajou.

68 — Bureau de dame.

69 — Jardinière en palissandre.

70 — Belle bibliothèque à deux corps en bois noir, la partie haute s'ouvrant à portes vitrées et le bas à portes pleines.

71 — Ameublement de salle à manger, en noyer,
à filets noirs, composé d'un dressoir, une
table ronde à cinq rallonges et demie, douze
chaises recouvertes en maroquin vert et une
servante.

72 — Plusieurs galeries dorées et en bois sculpté.

73 — Jardinière en fer doré.

74 — Deux garde-cendres en cuivre.

75 — Trois tablettes de cheminée couvertes en
velours et en cretonne.

76 — Tabouret en fer.

77 — Devant de feu en bronze doré et marbre
onyx, avec pelle et pincettes.

78 — Jolie garniture de cheminée en bronze
doré et marbre onyx : pendule représentant
la Fileuse, et deux candélabres.

79 — Deux porte-bouquets en cristal ; monture
bronze doré.

80 — Deux lampes en porcelaine blanche et rose.

81 — Deux plats en cuivre.

82 — Socle en velours rouge.

83 — Lustre en bronze doré de Raingo, garni de cristaux de Baccarat.

84 — Autre lustre en bronze doré de Raingo, garni de cristaux de Baccarat.

85 — Décoration de lit et de croisée en reps vert.

86 — Grand et beau groupe en bronze : *l'Enfant au coq.*

87 — Deux grandes et belles torchères en bois sculpté formées de statues sur leurs socles.

88 — Deux consoles en bois sculpté, supportées par des figures d'esclaves.

89 — Deux grandes et belles chimères en bronze du Japon, formant flambeaux.

90 — Statuette en terre cuite.

91 — Coffret à bijoux, en émail et filigrane.

92 — Bonbonnière en argent.

93 — Cadre pour miniature, en stras et argent.

94 — Deux plats de Delft à bordure festonnée.

95 — Deux cornets en porcelaine du Japon.

96 — Deux figurines en ivoire du Japon.

97 — Statuette en bronze japonais : Philosophe.

98 — Deux beaux vases en émail cloisonné du Japon.

99 — Deux vases en bronze, décorés de sujets en relief. Travail japonais.

100 — Deux chimères en blanc de Chine.

101 — Deux buires en porcelaine de l'Inde.

102 — Plateau laqué.

103 — Deux bouteilles en porcelaine de Chine, décor dit *flambé*.

104 — Pot à tabac, en émail cloisonné du Japon, décor polychrome.

105 — Statuette en poterie de Satzuma.

106 — Deux pommes d'ombrelles en cristal de roche.

107 — Éléphant couché en bronze.

108 — Chaise à porteurs. Style Louis XVI.

109 — Deux vases de Satzuma, décor à réserves sur fond noir.

110 — Vasque en porcelaine d'Imari, montée en bronze.

111 — Paire de belles lampes en bronze ; monture tachetée d'or et frottée.

112 — Quatre plateaux en porcelaine d'Imari.

113 — Deux jardinières de Kioto.

114 — Trois meubles en bois sculpté, couverts en peluche verte : canapé et deux chaises.

115 — Grande armoire-bibliothèque, en bois sculpté, s'ouvrant à deux portes vitrées.

116 — Deux buffets d'angles avec étagère en bois sculpté.

117 — Bas-relief en bronze : Amphitrite.

118 — Gouache du temps de Louis XIV, représentant la danse champêtre.

119 — Pendule et deux candélabres en bronze doré, modèle amours, ornés de plaques en porcelaine de Tournai.

120 — Pendule et deux candélabres en bronze doré. Style Louis XVI.

121 — Pendule en bronze doré, forme vase, avec cadran signé Lépine.

122 — Bahut en marqueterie. Style de Boulle.

123 — Garde-feu en cuivre.

124 — Guéridon de fantaisie.

125 — Paire de potiches de Chine, famille verte.

126 — Potiche de Chine, famille rose.

127 — Potiche de Chine, décor bleu et or.

128 — Coupe formant porte-bouquet, en verre de Venise.

129 — Plat moderne de Nevers avec inscription révolutionnaire.

130 — Plat de Nevers avec inscription patriotique.

131 — Plat genre Palissy, décor aux baigneuses.

132 — Plat genre Palissy, décoré de poissons.

133 — Boîte en laque de Chine.

134 — Buste de femme en terre cuite, de Céribelli.

135 — Buste d'homme en bronze et onyx.

136 — Paire de flambeaux italiens. Style Renaissance.

137 — Paire de girandoles argentées, de Christofle.

138 — Statuette de femme, en bronze et marbre.

139 — Pichet en grès. Style flamand.

140 — Suspension en bronze et porcelaine du Japon.

141 — Deux réchauds en plaqué.

142 — Violon avec sa boîte.

143 — Paire de potiches de Chine, de Canton.

144 — Paire de cache-pots en pâte tendre de Tournai.

145 — Encrier en bronze du Japon.

146 — Pendule en biscuit tendre ancien.

147 — Cinq salières et un moutardier en métal.

148 — Deux petites bouteilles de Christofle.

149 — Tabouret oriental incrusté de nacre.

150 — Vase de Sèvres, forme Médicis.

BIJOUX

151 — Belle rivière composée de soixante-deux brillants.

152 — Trois boutons de chemise composés de saphirs et rubis cabochons entourés de brillants.

153 — Deux épingles de coiffure en or, enrichies de roses et de perles.

154 — Bracelet porte-bonheur enrichi de quatre brillants et trois saphirs.

155 — Peigne en écaille enrichi de roses et de brillants.

156 — Paire de boutons d'oreilles formés de deux gros brillants solitaires.

157 — Paire de boutons d'oreilles formés de deux perles fines.

158 — Broche modèle papillon en brillants, roses, saphirs et rubis.

159 — Broche forme brouette, enrichie de roses et de perles fines.

160 — Broche forme croissant en brillants et roses.

161 — Paire de boutons d'oreilles pavés de brillants.

162 — Croix en or enrichie de roses. Style Louis XVI.

163 — Bague en or enrichie d'un rubis entouré de brillants.

164 — Broche émail sur or enrichie de roses et de perles.

165 — Bague composée de cinq saphirs et de roses.

166 — Bague enrichie d'un brillant.

167 — Broche forme fleur en brillants.

168 — Broche forme puits avec oiseau en roses.

169 — Croix en or enrichie de perles.

170 — Broche papillon en or et onyx.

171 — Bague en or avec améthyste.

172 — Épingle forme trèfle composée de trois perles, rose, noire et blanche.

173 — Service à hors-d'œuvre en argent, composé de quatre pièces.

174 — Chevalet en argent émaillé, avec montre.

175 — Gobelet en argent repoussé et doré.

176 — Pendule mignonnette en argent émaillé.

177 — Étui de Saxe.

178 — Boîte en émail ; monture argent.

179 — Bonbonnière argent émaillé.

180 — Petit ménétrier en argent émaillé, enrichi d'une perle fine.

181 — Petite chaise en argent.

182 — Jolie boîte en or ciselé et guilloché, de forme dite *Baignoire*. Époque Louis XVI.

183 — Belle boîte rectangulaire en jaspe sanguin ; monture or ciselé et guilloché ; dessus orné d'un bouquet de fleurs finement sculpté sur burgau.

184 — Montre d'homme en or, à remontoir.

185 — Bracelet enrichi de saphirs et de brillants.

186 — Paire de boutons d'oreilles en brillants.

187 — Bague or enrichie d'un brillant.

188 — Broche forme étoile en brillants.

189 — Miniature : Jeune femme à sa toilette.

190 — Paire de pendants d'oreilles en émaux ; monture ornée de perles.

191 — Médaillon en émail, entourage en roses.

192 — Jumelle émaillée bleu turquoise, étoilée d'or avec médaillons à fleurs.

193 — Bague marquise émaillée bleu, enrichie de brillants et de roses.

194 — Deux aumonières en satin de Chine, richement brodé de dragons en perles et soie.

195 — Petite chimère en cristal de roche. Travail chinois.

196 — Vingt-deux appliques en jade blanc finement sculpté. Travail chinois.

197 — Lot de fils d'or et d'argent.

198 — Collier en jade.

199 — Objets non catalogués.